école - школа	2
voyage - падарожжа	5
transport - транспарт	8
ville - горад	10
paysage - краявід	14
restaurant - рэстаран	17
supermarché - супермаркет	20
boissons - напоі	22
aliments - ежа	23
ferme - сядзіба	27
maison - дом	31
salle de séjour - жылы пакой	33
cuisine - кухня	35
salle de bains - ванная	38
chambre d'enfant - дзіцячы пакой	42
vêtements - адзенне	44
bureau - офіс	49
économie - эканоміка	51
professions - прафесіі	53
outils - інструменты	56
instruments de musique - музычныя інструменты	57
zoo - заапарк	59
sports - спорт	62
activités - дзейнасць	63
famille - сям'я	67
corps - цела	68
hôpital - шпіталь	72
urgence - экстраная дапамога	76
Terre - Зямля	77
heure - гадзіннік	79
semaine - тыдзень	80
année - год	81
formes - формы	83
couleurs - колеры	84
opposés - супрацьлегласці	85
nombres - лічбы	88
langues - мовы	90
qui / quoi / comment - хто / што / як	91
où - дзе	92

Impressum
Verlag: BABADADA GmbH, Nedderfeld 112 , 22529 Hamburg
Geschäftsführer / Verlagsleitung: Harald Hof
Druck: Books on Demand GmbH, In de Tarpen 42, 22848 Norderstedt

Imprint
Publisher: BABADADA GmbH, Nedderfeld 112 , 22529 Hamburg, Germany
Managing Director / Publishing direction: Harald Hof
Print: Books on Demand GmbH, In de Tarpen 42, 22848 Norderstedt

école
школа

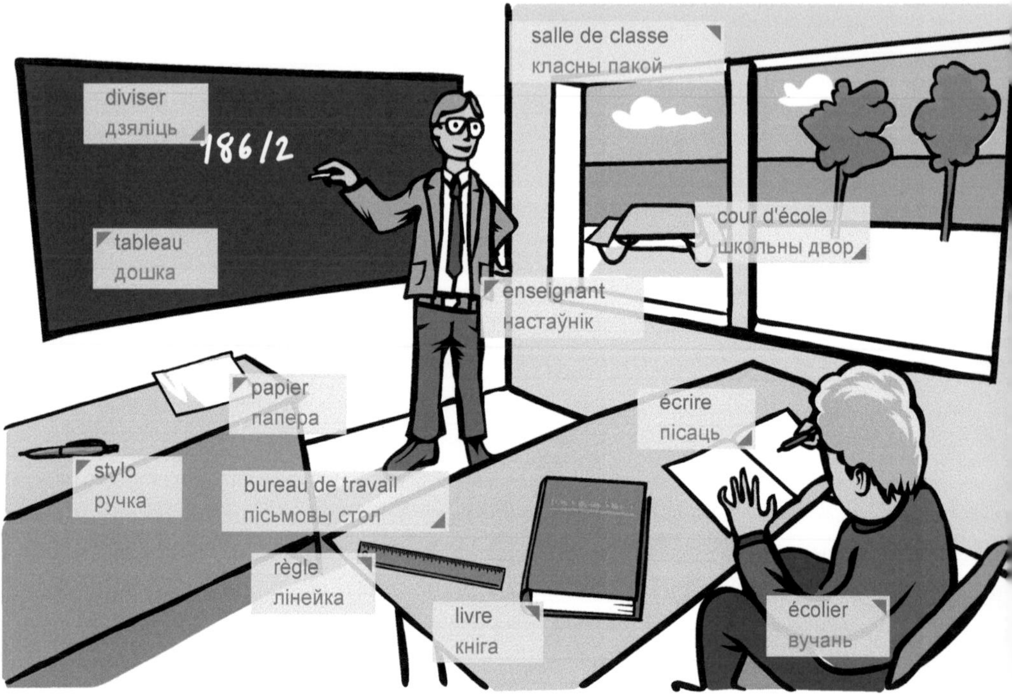

- diviser / дзяліць
- tableau / дошка
- salle de classe / класны пакой
- cour d'école / школьны двор
- enseignant / настаўнік
- papier / папера
- stylo / ручка
- écrire / пісаць
- bureau de travail / пісьмовы стол
- règle / лінейка
- livre / кніга
- écolier / вучань

sac d'écolier
ранец

trousse
пенал

crayon
просты аловак

taille-crayon
тачылка для алоўкаў

gomme à effacer
гумка

bloc de papier à dessin
альбом для малявання

dessin
малюнак

pinceau
пэндзлік

boîte de peintures
фарбы

ciseaux
нажніцы

colle
клей

cahier d'exercices
сшытак

devoirs
хатняе заданне

chiffre
лік

additionner
дадаваць

soustraire
адымаць

multiplier
множыць

calculer
лічыць

lettre
літара

alphabet
алфавіт

mot
слова

école - школа

texte	lire	craie
тэкст	чытаць	крэйда

leçon	le cahier de notes	examen
ўрок	класны журнал	экзамен

certificat	uniforme scolaire	éducation
атэстат	школьная форма	адукацыя

encyclopédie	université	microscope
энцыклапедыя	універсітэт	мікраскоп

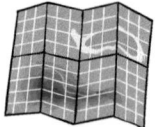

carte	corbeille à papier
карта	смеццевы кошык

école - школа

voyage
падарожжа

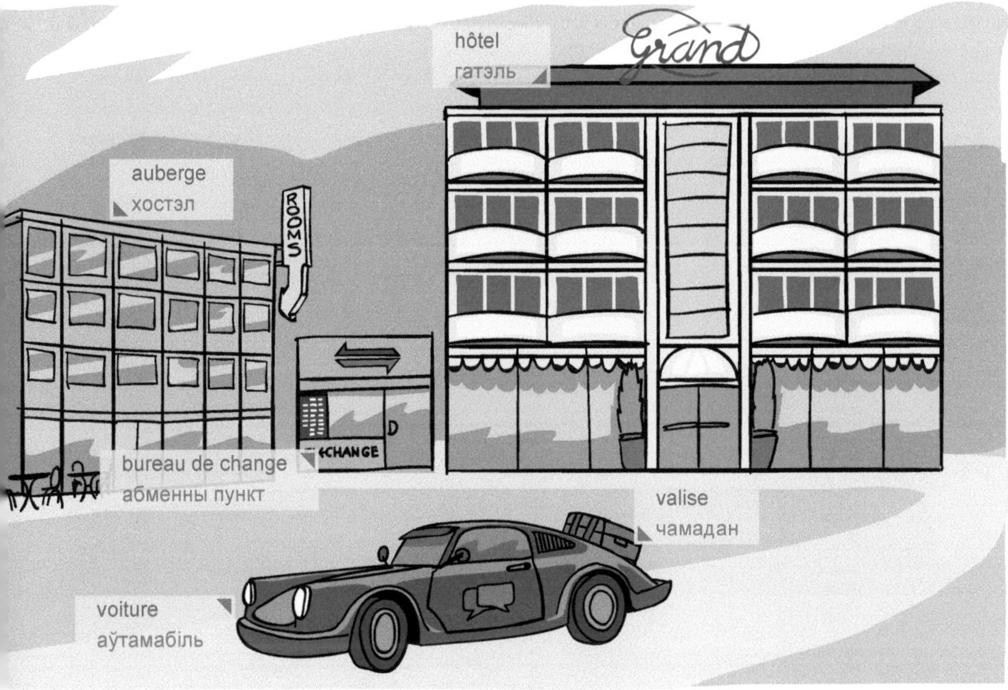

hôtel
гатэль
Grand
auberge
хостэл
ROOMS
bureau de change
абменны пункт
CHANGE
valise
чамадан
voiture
аўтамабіль

langue
мова

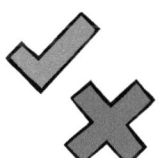

oui / non
так / не

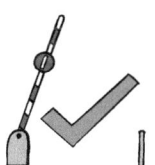

Okay
добра

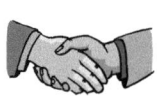

Allo!
прывітанне!

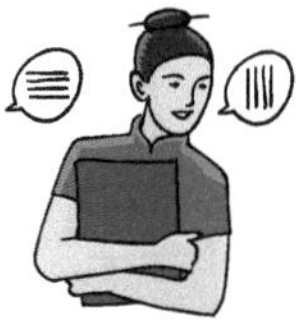

traducteur
перакладчык

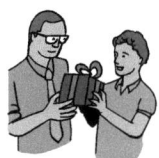

Merci
дзякуй

Combien coûte...?
Колькі каштуе....?

Je ne comprends pas
я не разумею

problème
праблема

Bonsoir !
Добры вечар!

Bonjour !
Добрай раніцы!

Bonne nuit !
Дабранач!

bye bye
да пабачэння

direction
кірунак

bagages
багаж

sac
сумка

sac à dos
заплечнік

invité
госць

pièce
пакой

sac de couchage
спальны мяшок

tente
палатка

voyage - падарожжа

bureau d'information
touristique
....
фармацыя для турыстаў

plage
....
пляж

carte de crédit
....
крэдытная картка

déjeuner
....
снеданне

dîner
....
абед

souper
....
вячэра

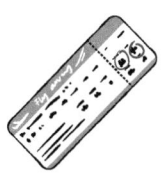

billet
....
праязны білет

ascenceur
....
ліфт

timbre
....
паштовая марка

frontière
....
мяжа

douane
....
мытня

ambassade
....
пасольства

visa
....
віза

passeport
....
пашпарт

voyage - падарожжа   7

transport
транспарт

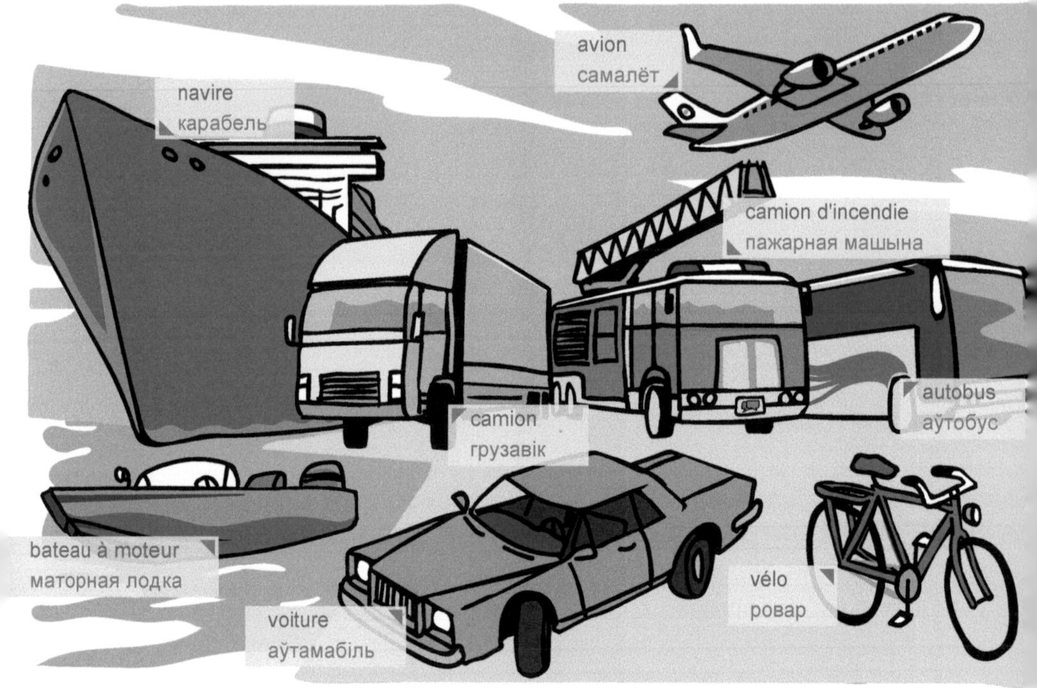

avion
самалёт

navire
карабель

camion d'incendie
пажарная машына

autobus
аўтобус

camion
грузавік

bateau à moteur
маторная лодка

voiture
аўтамабіль

vélo
ровар

traversier

паром

bateau

лодка

motocyclette

матацыкл

voiture de police

паліцэйская машына

voiture de course

гоначны аўтамабіль

voiture de location

арэндаваны аўтамабіль

autopartage	dépanneuse	camion à ordures
сумеснае карыстанне аўтамабілем	эвакуатар	смеццявоз

moteur	carburant	station-service
матор	паліва	запраўка

anneau de signalisation	circulation	embouteillage
дарожны знак	дарожны рух	затор

parc de stationnement	gare	voies ferrées
паркоўка	чыгуначная станцыя	рэйкі

 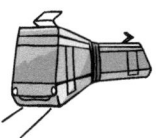 

train	tramway	wagon
цягнік	трамвай	вагон

transport - транспарт

hélicoptère
верталёт

aéroport
аэрапорт

tour
вежа

passager
пасажыр

conteneur
кантэйнер

boîte en carton
кардонная скрыня

chariot
тачка

panier
карзіна

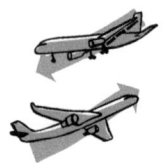
décoller / atterrir
ўзлятаць / прызямляцца

ville
горад

village
вёска

centre-ville
цэнтр горада

maison
дом

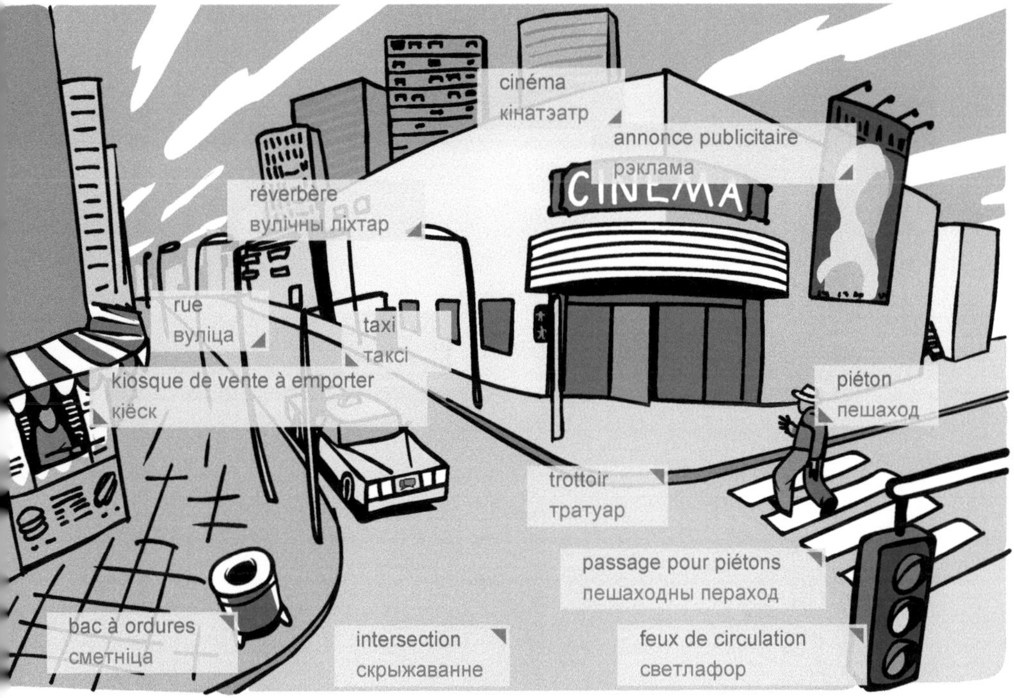

cinéma
кінатэатр

annonce publicitaire
рэклама

réverbère
вулічны ліхтар

rue
вуліца

taxi
таксі

kiosque de vente à emporter
кіёск

piéton
пешаход

trottoir
тратуар

passage pour piétons
пешаходны пераход

bac à ordures
сметніца

intersection
скрыжаванне

feux de circulation
святлафор

cabane
халупа

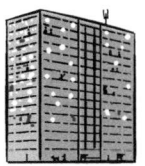

appartement
кватэра

gare
чыгуначная станцыя

hôtel de ville
ратуша

musée
музей

école
школа

ville - горад

université
універсітэт

banque
банк

hôpital
шпіталь

hôtel
гатэль

pharmacie
аптэка

bureau
офіс

librairie
кнігарня

magasin
крама

fleuriste
кветкавая крама

supermarché
супермаркет

marché
кірмаш

grand magasin
універмаг

poissonnerie
рыбная крама

centre commercial
гандлевы цэнтр

port
порт

ville - горад

parc
парк

banc
лава

pont
мост

escaliers
лесвіца

métro
метро

tunnel
тунэль

arrêt d'autobus
прыпынак

bar
бар

restaurant
рэстаран

boîte à lettres
паштовая скрыня

plaque de rue
вулічны паказальнік

parcomètre
паркамат

zoo
заапарк

bains publics
басейн

mosquée
мячэць

ville - горад

13

ferme
сядзіба

pollution
забруджванне навакольнага асяроддзя

cimetière
могілкі

église
царква

aire de jeux
пляцоўка для гульні

temple
храм

paysage
краявід

- feuille — ліст
- panneau indicateur — паказальнік
- chemin — дарога
- pré — луг
- randonneur — падарожнік
- pierre — камень
- arbre — дрэва
- rivière — рака
- herbe — трава
- fleur — кветка

vallée — colline — lac
даліна — гара — возера

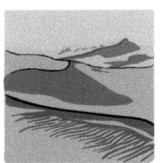

forêt — désert — volcan
лес — пустыня — вулкан

château — arc-en-ciel — champignon
замак — вясёлка — грыб

palmier — moustique — mouche
пальма — камар — муха

fourmi — abeille — araignée
мурашка — пчала — павук

paysage - краявід

scarabée
жук

grenouille
жаба

écureuil
вавёрка

hérisson
вожык

lièvre
заяц

chouette
сава

oiseau
птушка

cygne
лебедзь

sanglier
дзік

cerf
алень

orignal
лось

barrage
пляціна

éolienne
вятрак

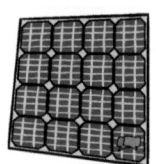

panneau solaire
сонечная батарэя

climat
клімат

paysage - краявід

restaurant
рэстаран

serveur
афіцыянт

menu
меню

chaise
крэсла

soupe
суп

pizza
піца

coutellerie
сталовыя прыборы

nappe
абрус

hors-d'œuvre
закуска

plat principal
другая страва

dessert
дэсерт

boissons
напоі

aliments
ежа

bouteille
бутэлька

restauration rapide
хуткае харчаванне (фаст-фуд)

cuisine de rue
стрыт-фуд

théière
імбрык (чайнік)

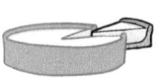

sucrier
цукарніца

part
порцыя

machine à expresso
эспрэса-машына

chaise haute d'enfant
дзіцячае крэселка

facture
рахунак

plateau
паднос

couteau
нож

fourchette
відэлец

cuillère
лыжка

cuillère à thé
чайная лыжка

serviette
сурвэтка

verre
шклянка

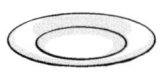		
assiette	assiette creuse	soucoupe
талерка	супавая талерка	сподак
	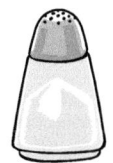	
sauce	salière	moulin à poivre
соус	сальніца	млынок для перцу
		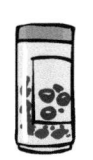
vinaigre	huile	épices
воцат	алей	спецыі

ketchup	moutarde	mayonnaise
кетчуп	гарчыца	маянэз

supermarché
супермаркет

- offre spéciale / акцыя
- client / пакупнік
- produits laitiers / малочныя прадукты
- chariot / вазок
- fruit / садавіна

boucherie

мясная крама

boulangerie

хлебны магазін

peser

важыць

légumes

гародніна

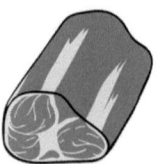

viande

мяса

aliments congelés

свежазамарожаныя прадукты

supermarché - супермаркет

viandes froides
нарэзка

conserves
кансервы

détergent à lessive en poudre
пральны парашок

sucreries
прысмакі

produits d'entretien ménager
хатнія прылады

produits d'entretien
чысцячы сродак

vendeuse
прадавец

caisse
каса

caissier
касір

liste de provisions
спіс пакупак

heures d'ouverture
гадзіны працы

portefeuille
бумажнік

carte de crédit
крэдытная картка

sac
сумка

sac plastique
пакет

supermarché - супермаркет

boissons
напоі

eau

вада

jus

сок

lait

малако

cola

кола

vin

віно

bière

піва

alcool

алкаголь

cacao

какава

thé

гарбата (чай)

café

кава

expresso

эспрэса

cappuccino

капучына

aliments
ежа

banane
банан

pomme
яблык

orange
апельсін

melon d'eau
дыня

citron
лімон

carotte
морква

ail
часнок

bambou
бамбук

oignon
цыбуля

champignon
грыб

noix
арэхі

nouilles
локшына

spaghettis — спагеці

riz — рыс

salade — салата

frites — бульба фры

pommes de terre sautées — смажаная бульба

pizza — піца

hamburger — гамбургер

sandwich — бутэрброд

escalope — шніцаль

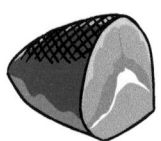

jambon — вяндліна

salami — салямі

saucisse — каўбаса

poulet — курыца

rôti — смажаніна

poisson — рыбак

aliments - ежа

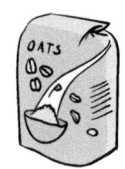

gruau d'avoine

аўсяныя камякі

muesli

мюслі

flocons de maïs

кукурузныя шматкі

farine

мука

croissant

круасан

petit pain

булачка

pain

хлеб

rôtie

тост

biscuits

пячэнне

beurre

масла

caillé

тварог

gâteau

пірог

œuf

яйка

œuf miroir

яечня

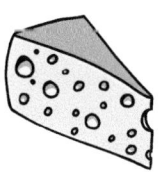

fromage

сыр

aliments - ежа

crème glacée	sucre	miel
марожанае	цукар	мёд

confiture	crème de nougat	cari
варэнне	нуга	кары

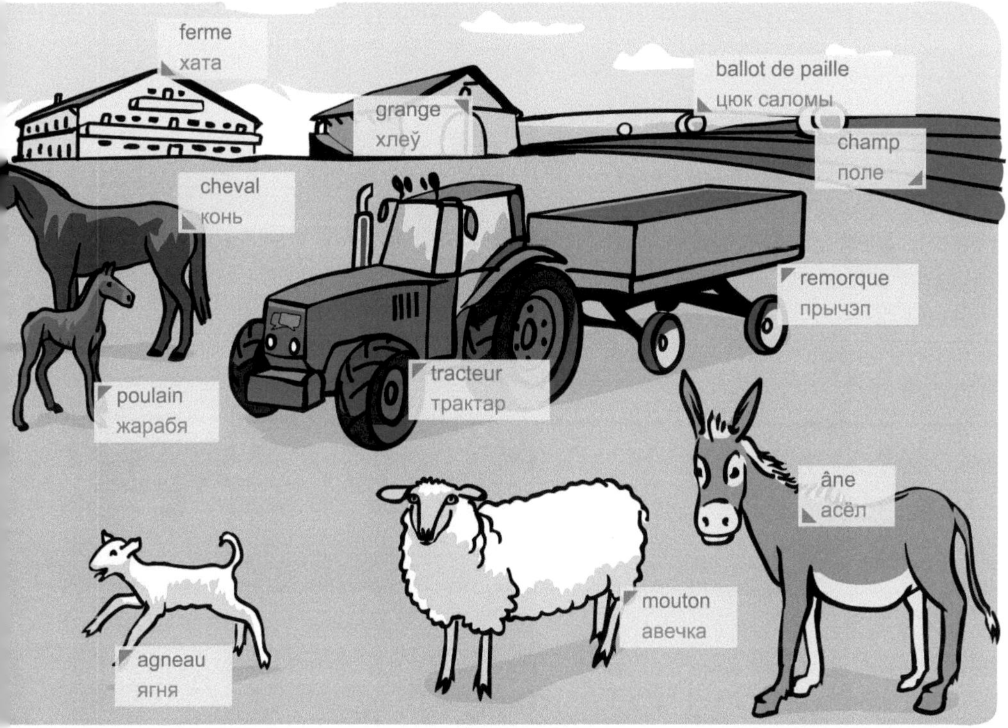

ferme
сядзіба

ferme / хата
grange / хлеў
ballot de paille / цюк саломы
champ / поле
cheval / конь
remorque / прычэп
poulain / жарабя
tracteur / трактар
âne / асёл
agneau / ягня
mouton / авечка

chèvre
каза

vache
карова

veau
цяля

porc
свіння

porcelet
парася

taureau
бык

oie
гусак

canard
качка

poussin
кураня

poule
курыца

coq
певень

rat
пацук

chat
кот

souris
мыш

bœuf
вол

chien
сабака

niche
сабачая будка

tuyau d'arrosage
садовы шланг

arrosoir
палівачка

FALSE
каса

charrue
плуг

ferme - сядзіба

faucille
серп

binette
матыка

fourche à foin
вілы для гною

hache
сякера

brouette
тачка

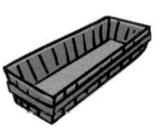
auge
карыта

pot à lait
бітон для малака

grand sac
мех

clôture
плот

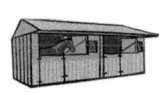
écurie
хлеў

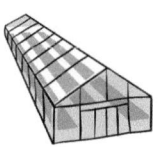
serre
цяпліца

sol
глеба

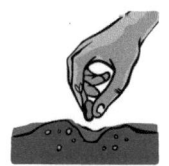
graines
насенне

engrais
угнаенне

moissonneuse-batteuse
камбайн

ferme - сядзіба

récolter

збіраць ураджай

récolte

ураджай

igname

ямс

blé

пшаніца

soja

соя

pomme de terre

бульба

maïs

кукуруза

graine de colza

рапс

arbre fruitier

садовае дрэва

manioc

маніёк

grains

збожжа

ferme - сядзіба

maison
дом

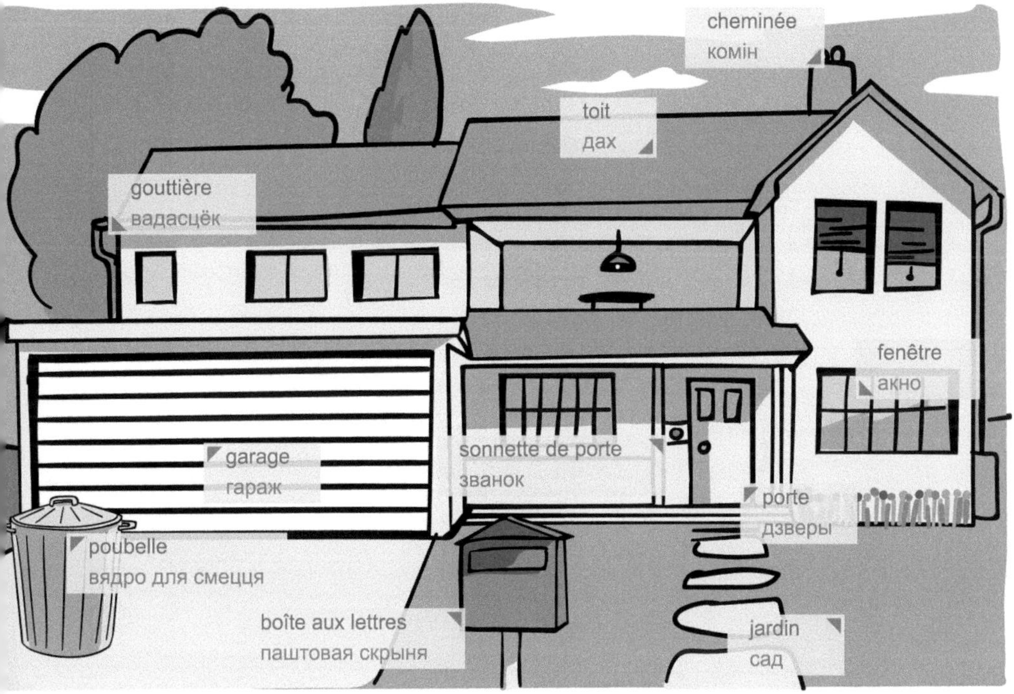

cheminée — комін
toit — дах
gouttière — вадасцёк
fenêtre — акно
garage — гараж
sonnette de porte — званок
porte — дзверы
poubelle — вядро для смецця
boîte aux lettres — паштовая скрыня
jardin — сад

salle de séjour
жылы пакой

salle de bains
ванная

cuisine
кухня

chambre à coucher
спальны пакой

chambre d'enfant
дзіцячы пакой

salle à manger
сталоўка

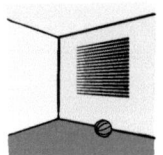

plancher

падлога

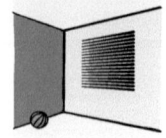

mur

сцяна

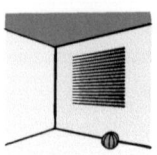

plafond

столь

cellier

падвал

sauna

саўна

balcon

балкон

terrasse

тэраса

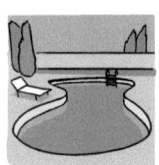

piscine

басейн

tondeuse à gazon

касілка

drap

падкоўдранік

jeté de lit

коўдра

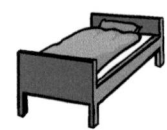

lit

ложак

balai

венік

seau

вядро

interrupteur

выключальнік

maison - дом

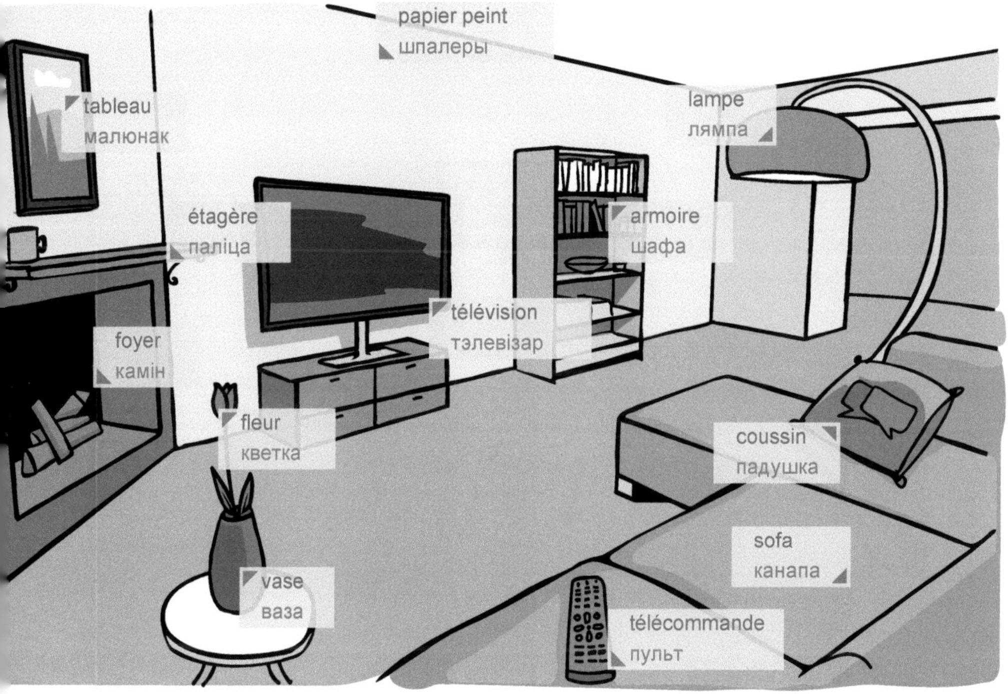

salle de séjour
жылы пакой

- papier peint / шпалеры
- tableau / малюнак
- lampe / лямпа
- étagère / паліца
- armoire / шафа
- foyer / камін
- télévision / тэлевізар
- fleur / кветка
- coussin / падушка
- vase / ваза
- sofa / канапа
- télécommande / пульт

tapis	rideau	table
дыван	фіранка	стол

chaise	berceuse	fauteuil
крэсла	крэсла-качалка	крэсла

salle de séjour - жылы пакой

livre кніга	couverte коўдра	décoration дэкарацыя
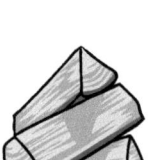		
bois de chauffage дровы	film кіно	chaîne hi-fi стэрэасістэма

clé ключ	journal газета	peinture карціна

affiche постар	radio радыё	bloc-notes нататнік

aspirateur пыласос	cactus кактус	chandelle свечка

salle de séjour - жылы пакой

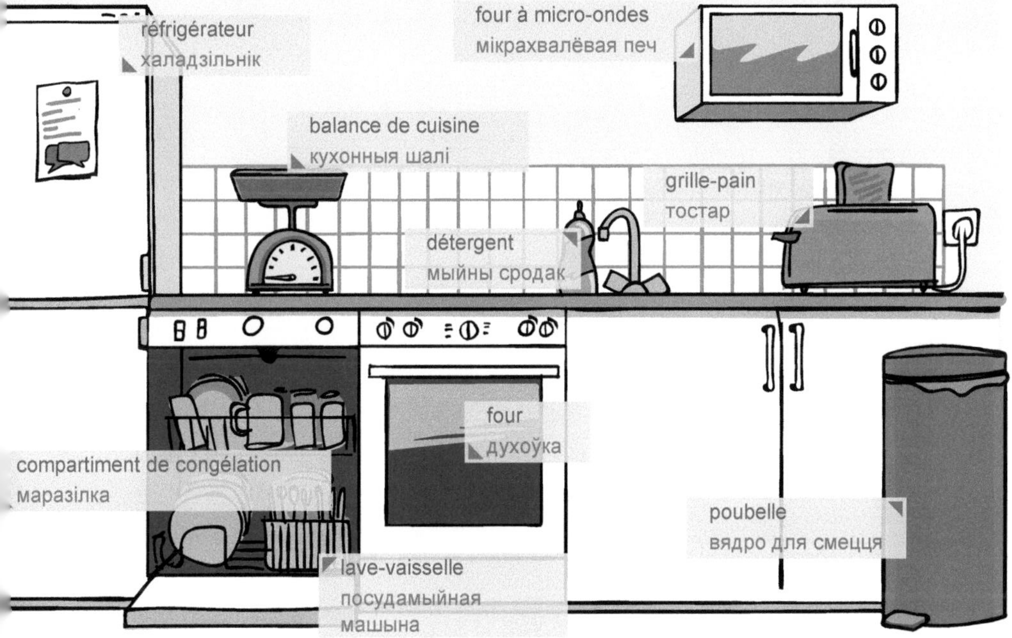

cuisine
кухня

réfrigérateur
халадзільнік

four à micro-ondes
мікрахвалёвая печ

balance de cuisine
кухонныя шалі

grille-pain
тостар

détergent
мыйны сродак

compartiment de congélation
маразілка

four
духоўка

poubelle
вядро для смецця

lave-vaisselle
посудамыйная машына

cuisinière

плiта

marmite

рондаль

cocotte en fonte

чыгунок

wok / kadai

Вок / кадаі

poêle

патэльня

bouilloire

чайнік

cuiseur à vapeur

параварка

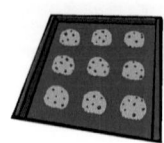

plaque à pâtisserie

бляха

vaisselle

посуд

grande tasse

кубак

bol

міска

baguettes

палачкі для ежы

louche

чарпак

spatule

лапатачка

fouet

збівалка

passoire

сіта для варэння

tamis

сіта

râpe

тарка

mortier

ступка

barbecue

грыль

foyer

вогнішча

cuisine - кухня

planche à découper
дошка

rouleau à pâtisserie
качалка

tire-bouchon
штопар

boîte à conserves
бляшанка

ouvre-boîte
адкрывалка

mitaine de four
прыхваткі

évier
ракавіна

brosse
шчотка

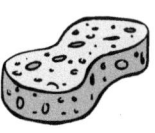
éponge
губка

mélangeur
міксер

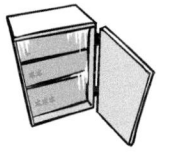
congélateur
маразільная камера

biberon
бутэлечка

robinet
вадаправодны кран

cuisine - кухня

salle de bains
ванная

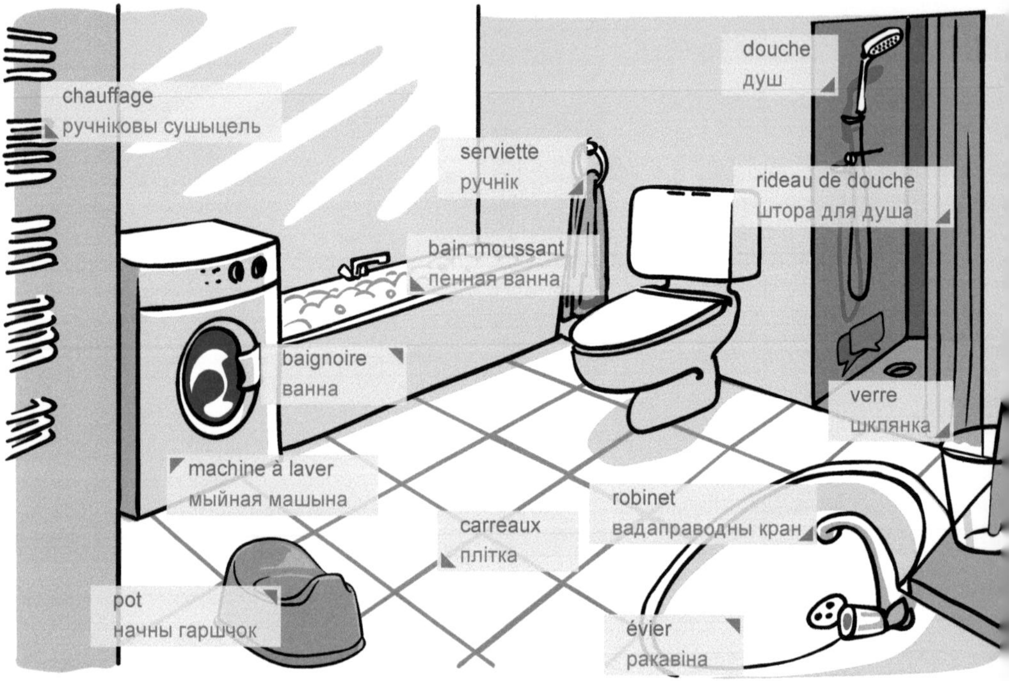

douche
душ

chauffage
ручніковы сушыцель

serviette
ручнік

rideau de douche
штора для душа

bain moussant
пенная ванна

baignoire
ванна

verre
шклянка

machine à laver
мыйная машына

carreaux
плітка

robinet
вадаправодны кран

pot
начны гаршчок

évier
ракавіна

toilette

туалет

toilette turque

падлогавы ўнітаз

bidet

бідэ

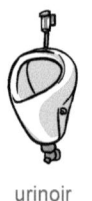

urinoir

пісуар

papier hygiénique

туалетная папера

brosse à toilette

шчотка для чысткі ўнітаза

brosse à dents

зубная шчотка

dentifrice

зубная паста

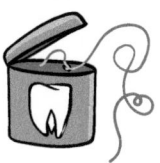

soie dentaire

зубная нітка

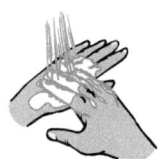

laver

мыць

douchette

ручны душ

douche vaginale

інтымны душ

cuvette

умывальнік

brosse pour le dos

шчотка для спіны

savon

мыла

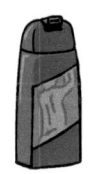

gel douche

гель для душа

shampoing

шампунь

débarbouillette

вяхотка

drain

вадасцёк

crème

крэм

déodorant

дэзадарант

salle de bains - ванная

miroir

люстэрка

miroir à main

касметычнае люстэрка

rasoir

станок для галення

mousse à raser

пена для галення

après-rasage

ласьён пасля галення

peigne

грэбень

brosse

шчотка

sèche-cheveux

фен

laque

лак для валасоў

maquillage

касметыка

rouge à lèvres

памада

vernis à ongles

лак для пазногцяў

ouate

вата

ciseaux à ongles

манікюрныя нажніцы

parfum

духі

salle de bains - ванная

| trousse de toilette | tabouret | pèse-personne |
| касметычка | табурэтка | вагі |

| peignoir | gants de caoutchouc | tampon |
| лазневы халат | санітарныя пальчаткі | тампон |

 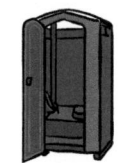

| serviette hygiénique | toilette chimique |
| гігіенічныя пракладкі | біятуалет |

salle de bains - ванная

chambre d'enfant
дзіцячы пакой

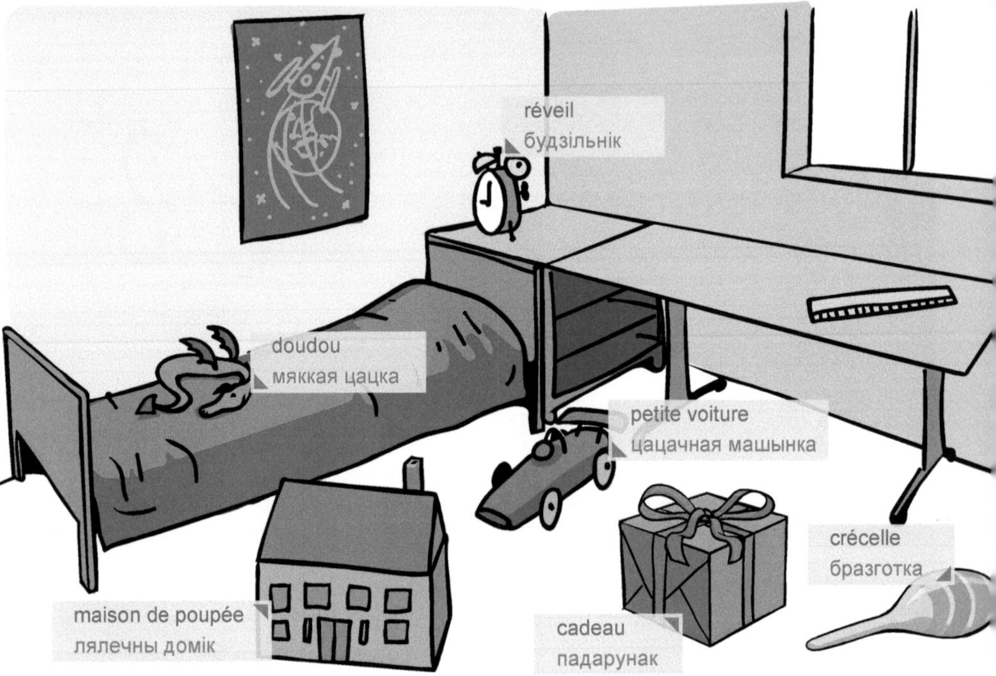

réveil
будзільнік

doudou
мяккая цацка

petite voiture
цацачная машынка

maison de poupée
лялечны домік

cadeau
падарунак

crécelle
бразготка

ballon

надзіманы шарык

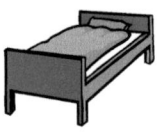

lit

ложак

landau

дзіцячая каляска

jeu de cartes

калода картаў

casse-tête

пазл

bande dessinée

комікс

blocs LEGO
канструктар "Лега"

jeu de briques
канструктар

figurine articulée
экшэн-фігурка

dormeuse
дзіцячы гарнітур

disque volant
фрызбі

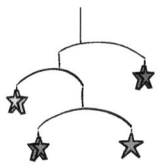
mobile
дзіцячы мабіль

jeu de société
настольная гульня

dé
кубік

ensemble de modèles de train
дзіцячая чыгунка

mannequin
пустышка

fête
дзіцячае свята

livre d'images
кніга з малюнкамі

balle
мячык

poupée
лялька

jouer
гуляцца

chambre d'enfant - дзіцячы пакой

bac à sable
пясочніца

balançoire
арэлі

jouets
цацкі

console de jeu vidéo
гульнявая відэа прыстаўка

tricycle
трохколавы ровар

ours en peluche
плюшавы мішка

garde-robe
шафа

vêtements
адзенне

chaussettes
шкарпэткі

bas
панчохі

collant
калготкі

écharpe
шалік

parapluie
парасон

T-shirt
цішотка

ceinture
рамень

bottes
боты

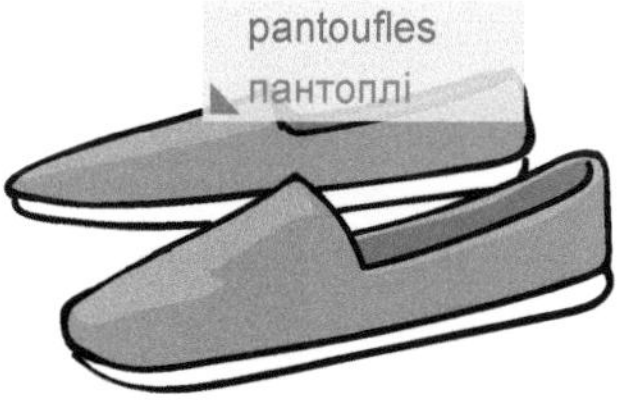

pantoufles
пантоплі

chaussures de sport
красоўкі

sandales	souliers	bottes de caoutchouc
сандалі	абутак	гумовыя боты

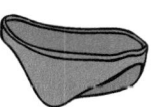

sous-vêtements	soutien-gorge	gilet
трусы	бюстгальтар	майка

vêtements - адзенне

body
бодзі

pantalon
штаны

jean
джынсы

jupe
спадніца

chemisier
блузка

chemise
кашуля

chandail
джэмпер

chandail à capuche
талстоўка

blazer
блэйзер

veste
куртка

manteau
паліто

manteau de pluie
дажджавік

complet
касцюм

robe
сукенка

robe de mariée
вясельная сукенка

tailleur
касцюм

chemise de nuit
начная сарочка

pyjama
піжама

sari
сары

foulard
хустка

turban
цюрбан

burqa
паранджа

cafetan
каптан

abaya
Абая

maillot de bain
купальнік

maillot short
плаўкі

culotte courte
шорты

survêtement
спартыўны касцюм

tablier
фартух

mitaines
пальчаткі

vêtements - адзенне

bouton
гузік

lunettes
акуляры

bracelet
бранзалет

collier
каралі

bague
кальцо

boucle d'oreille
завушніца

tuque
кепка

cintre
вешалка

chapeau
капялюш

cravate
гальштук

fermeture à glissière
маланка

casque
шлем

bretelles
падцяжкі

uniforme scolaire
школьная форма

uniforme
уніформа

bavoir

нагруднік

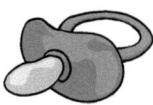

mannequin

пустышка

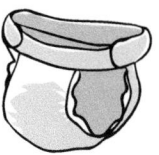

couche

падгузнік

bureau
офіс

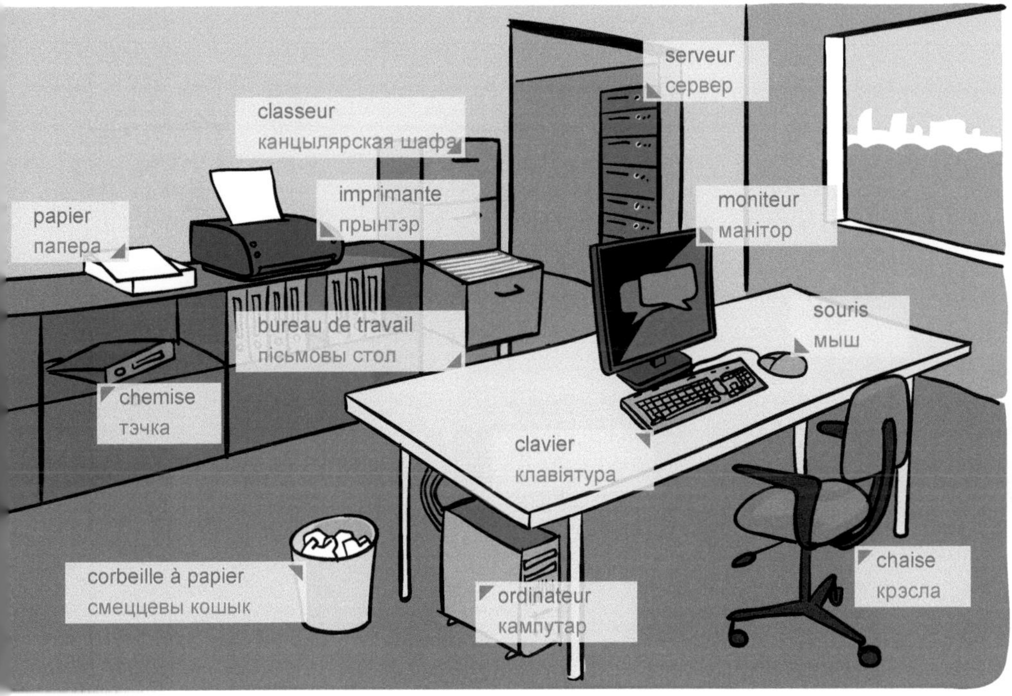

- classeur — канцылярская шафа
- serveur — сервер
- imprimante — прынтэр
- moniteur — манітор
- papier — папера
- bureau de travail — пісьмовы стол
- souris — мыш
- chemise — тэчка
- clavier — клавіятура
- corbeille à papier — смеццевы кошык
- ordinateur — кампутар
- chaise — крэсла

grande tasse à café

ак для кавы (філіжанка)

calculatrice

калькулятар

Internet

інтэрнэт

ordinateur portable

ноўтбук

lettre

ліст

message

паведамленне

téléphone cellulaire

мабільны тэлефон

réseau

сетка

photocopieur

ксеракс

logiciel

праграмнае забеспячэнне

téléphone

тэлефон

prise de courant

разетка

télécopieur

факс

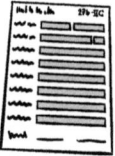

formulaire

фармуляр

document

дакумент

économie
эканоміка

acheter
купляць

payer
плаціць

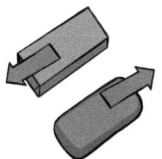

commercer
гандляваць

argent
грошы

dollar
долар

euro
еўра

yen
ена

rouble
рубель

franc suisse
франк

renminbi yuan
кітайскі юань

roupie
рупія

distributeur de billets
банкамат

bureau de change
абменны пункт

or
золата

argent
срэбра

pétrole
нафта

énergie
энергія

prix
цана

contrat
кантракт

taxe
падатак

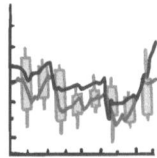
actions
акцыя

travailler
працаваць

employé
служачы

employeur
працадаўца

usine
фабрыка

magasin
крама

professions
прафесіі

- pompier / пажарны
- agent de police / паліцыянт
- cuisinier / кухар
- docteur / доктар
- pilote / пілот

jardinier
садоўнік

charpentier
слесар

couturier
швачка

juge
суддзя

pharmacien
хімік

acteur
артыст

chauffeur d'autobus

кіроўца аўтобуса

chauffeur de taxi

таксіст

pêcheur

рыбак

femme de ménage

прыбіральшчыца

couvreur

страхар

serveur

афіцыянт

chasseur

паляўнічы

peintre

мастак

boulanger

пекар

électricien

электрык

constructeur de bâtiments

будаўнік

ingénieur

інжынер

boucher

мяснік

plombier

сантэхнік

facteur

паштальён

professions - прафесіі

soldat
салдат

architecte
архітэктар

caissier
касір

fleuriste
фларыст

coiffeur
цырульнік

chef de train
кандуктар

mécanicien
механік

capitaine
капітан

dentiste
стаматолаг

scientifique
вучоны

rabbin
рабін

imam
імам

moine
манах

ecclésiastique
святар

outils
інструменты

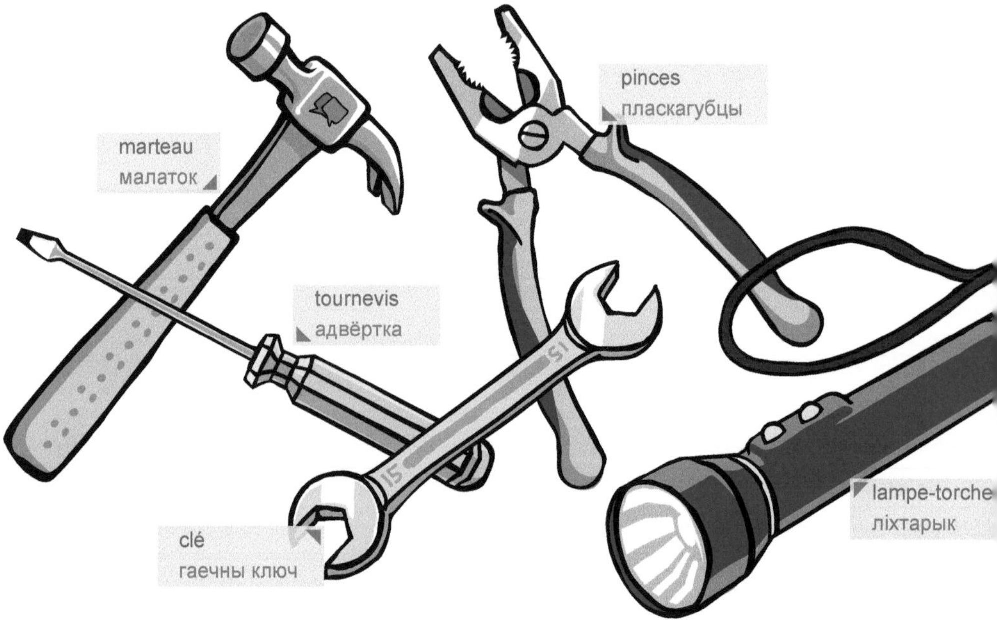

marteau
малаток

pinces
пласкагубцы

tournevis
адвёртка

clé
гаечны ключ

lampe-torche
ліхтарык

excavatrice
экскаватар

boîte à outils
скрыня для інструментаў

échelle
дравіны

scie
піла

clous
цвікі

perceuse
дрыль

réparer
рамантаваць

pelle
рыдлеўка

tabarnouche
Халера!

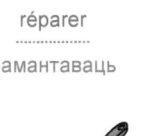

pelle à poussière
шуфлік для смецця

pot de peinture
вядро з фарбаю

vis
балты

instruments de musique
музычныя інструменты

haut-parleur
калонкі

batterie
ударны інструмент

gultare
гітара

contrebasse
кантрабас

trompette
труба

instruments de musique - музычныя інструменты

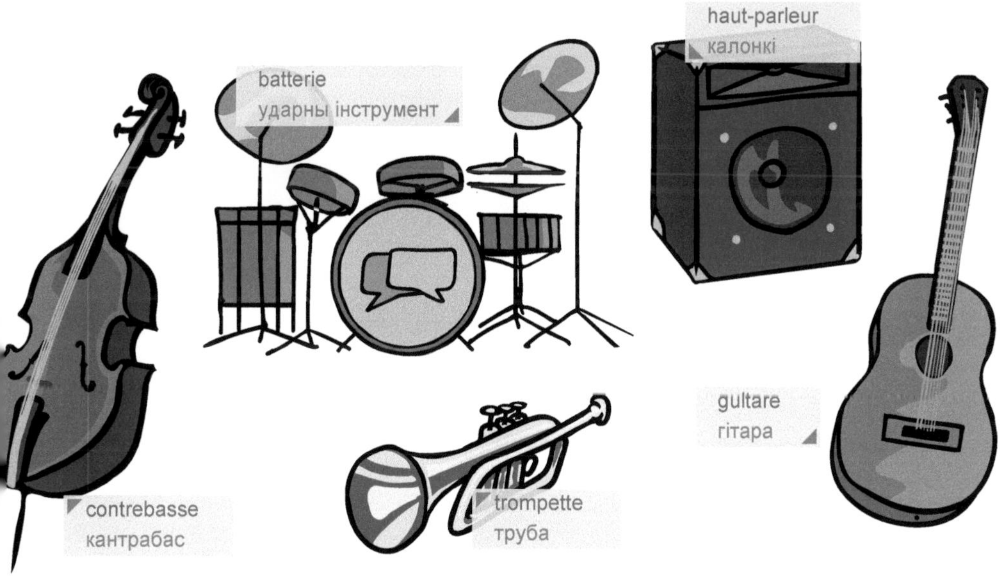

piano
піяніна

violon
скрыпка

basse
басгітара

timbales
літаўры

tambour
барабан

synthétiseur
клавішны электрамузычны інструмент

saxophone
саксафон

flûte
флейта

microphone
мікрафон

instruments de musique - музычныя інструменты

ZOO
заапарк

entrée
уваход

tigre
тыгр

cage
клетка

zèbre
зебра

nourriture pour animaux
корм для жывёл

panda
панда

animaux
жывёлы

éléphant
слон

kangourou
кенгуру

rhinocéros
насарог

gorille
гарыла

ours
мядзведзь

chameau
вярблюд

autruche
стравус

lion
леў

singe
малпа

flamand rose
фламінга

perroquet
папугай

ours polaire
белы мядзведзь

pingouin
пінгвін

requin
акула

paon
паўлін

serpent
змяя

crocodile
кракадзіл

gardien de zoo
наглядчык заапарка

phoque
цюлень

jaguar
ягуар

poney
понi

léopard
леапард

hippopotame
бегемот

girafe
жыраф

aigle
арол

sanglier
дзiк

poisson
рыбак

tortue
чарапаха

morse
морж

renard
лiса

gazelle
газель

zoo - заапарк

sports
спорт

football américain
амерыканскі футбол

cyclisme
веласпорт

tennis
тэніс

basketball
баскетбол

natation
плаванне

boxe
бокс

hockey sur glace
хакей з шайбай

soccer
футбол

badminton
бадмінтон

athlétisme
лёгкая атлетыка

handball
гандбол

ski
горныя лыжы

polo
пола

activités
дзейнасць

sauter / скакаць
serrer dans les bras / абдымаць
rire / смяяцца
marcher / ісці
chanter / спяваць
prier / маліцца
embrasser / цалаваць
rêver / марыць

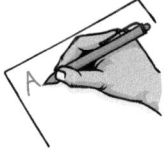

écrire
пісаць

dessiner
маляваць

montrer
паказваць

pousser
націснуць

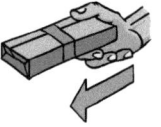

donner
даваць

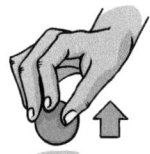

prendre
браць

activités - дзейнасць

avoir
маць

faire
выконваць

être
быць

être debout
стаяць

courir
бегчы

tirer
цягнуць

jeter
кідаць

tomber
падаць

s'allonger
ляжаць

attendre
чакаць

porter
насіць

s'asseoir
сядзець

s'habiller
апранацца

dormir
спаць

se réveiller
прачынацца

regarder
глядзець

pleurer
плакаць

caresser
лашчыць

peigner
прычэсвацца

parler
гаварыць

comprendre
разумець

demander
пытаць

écouter
чуць

boire
піць

manger
есці

ranger
прыбіраць

aimer
кахаць

cuisiner
гатаваць

conduire
ехаць

voler
лятаць

faire de la voile
плаваць пад ветразем

calculer
лічыць

lire
чытаць

apprendre
вучыць

travailler
працаваць

se marier
уступаць у шлюб

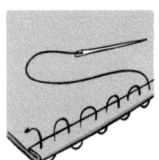
coudre
шыць

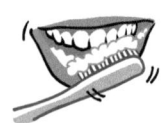
brosser les dents
чысціць зубы

tuer
забіваць

fumer
курыць

envoyer
пасылаць

famille
сям'я

grand-mère
бабуля

grand-père
дзядуля

père
бацька

mère
маці

bébé
дзіця

fille
дачка

fils
сын

invité
госць

tante
цётка

oncle
дзядзька

frère
брат

sœur
сястра

corps
цела

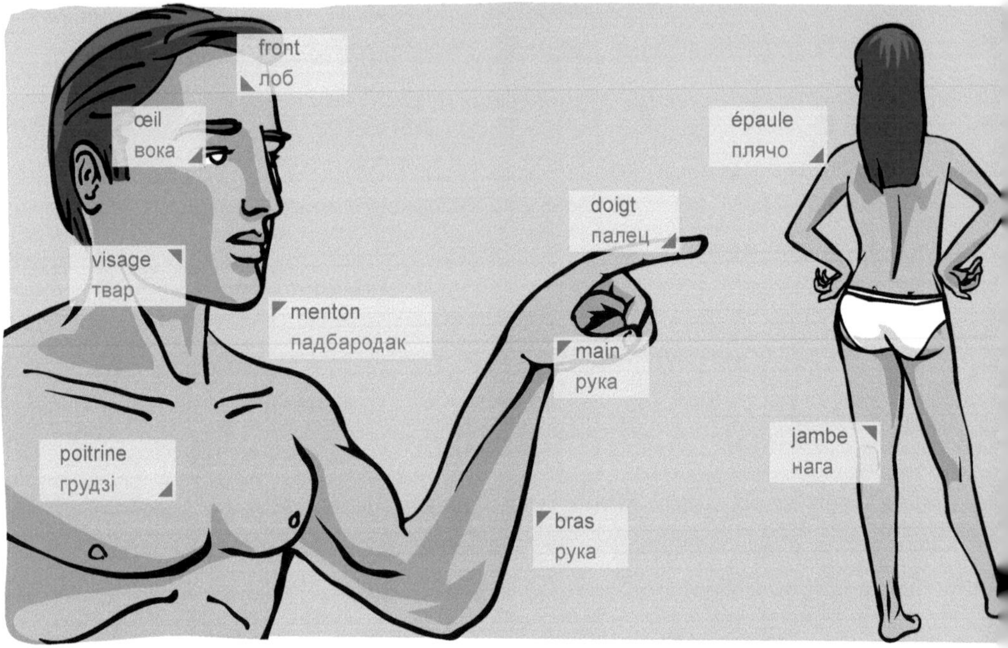

front
лоб

œil
вока

épaule
плячо

visage
твар

doigt
палец

menton
падбародак

main
рука

poitrine
грудзі

jambe
нага

bras
рука

bébé
дзіця

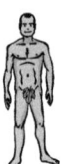

homme
мужчына

femme
жанчына

fille
дзяўчынка

garçon
хлопчык

tête
галава

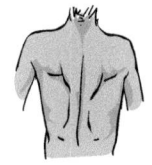

dos
спіна

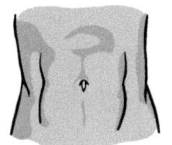

ventre
жывот

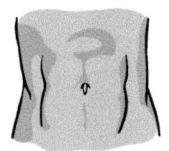

nombril
пуп

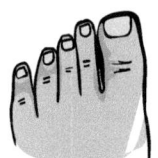

orteil
палец нагі

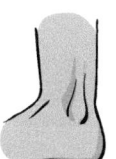

talon
пятка

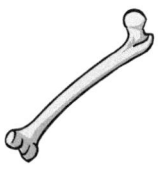

os
костка

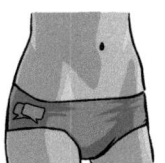

hanche
бядро

genou
калена

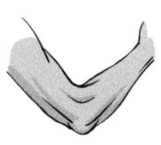

coude
локаць

nez
нос

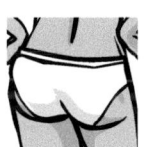

derrière
ягадзіца

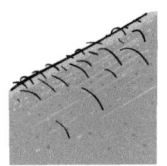

peau
скура

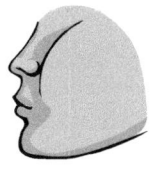

joue
шчака

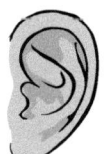

oreille
вуха

lèvre
губа

corps - цела

bouche
рот

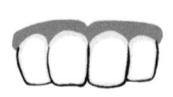

dent
зуб

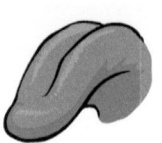

langue
язык

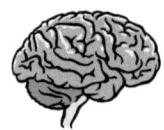

cerveau
галаўны мозг

cœur
сэрца

muscle
мышца

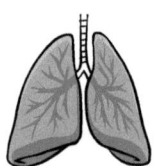

poumon
лёгкае

foie
пячонка

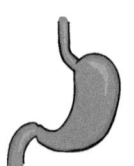

estomac
страўнік

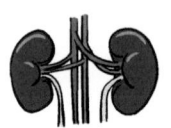

reins
ныркі

rapport sexuel
сэкс

condom
прэзерватыў

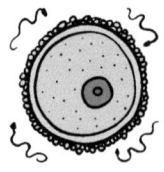

ovule
яйцаклетка

sperme
сперма

grossesse
цяжарнасць

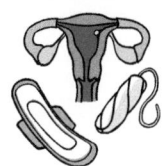

menstruation
менструацыя

vagin
похва

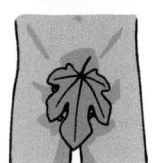

pénis
пеніс

sourcil
брыво

cheveux
валасы

cou
шыя

corps - цела

hôpital
шпіталь

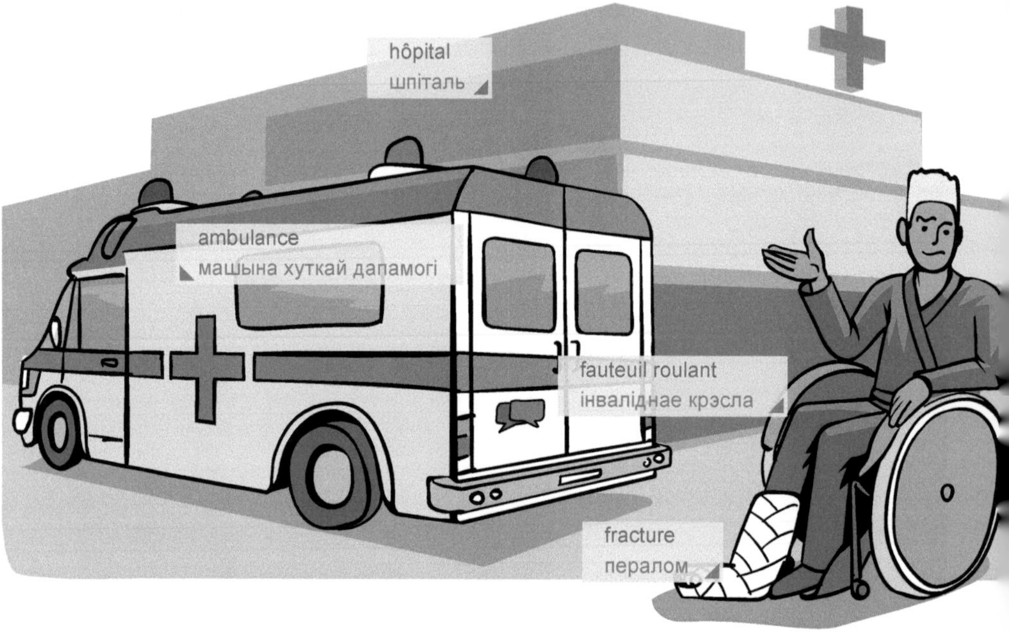

hôpital
шпіталь

ambulance
машына хуткай дапамогі

fauteuil roulant
інвалідная крэсла

fracture
пералом

docteur
доктар

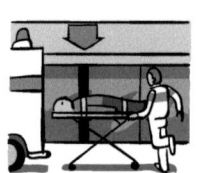

salle des urgences
аддзяленне першай дапамогі

infirmier
медсястра

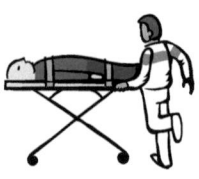

urgence
экстраная дапамога

inconscient
непрытомны

douleur
боль

blessure
траўма

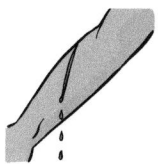
saignement
крывацёк

crise cardiaque
інфаркт

AVC
апаплексія

allergie
алергія

toux
кашаль

fièvre
гарачка

grippe
грып

diarrhée
панос

mal de tête
галаўны боль

cancer
рак

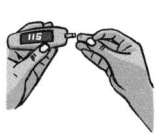
diabète
дыябет

chirurgien
хірург

scalpel
скальпель

opération
аперацыя

hôpital - шпіталь

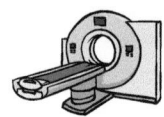
tomodensitométrie
КТ

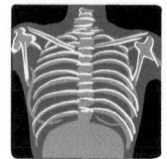
radiographie
рэнтген

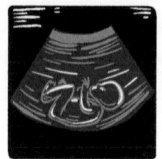
ultrason
ультрагук

masque
маска

maladie
хвароба

salle d'attente
пачакальня

béquille
мыліца

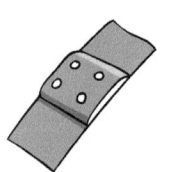
sparadrap
пластыр

bandage
бінт

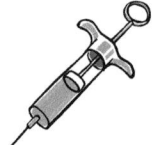
injection
ін'екцыя

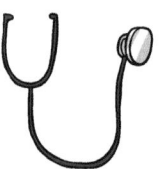
stéthoscope
стэтаскоп

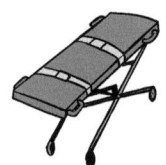
brancard
насілкі

thermomètre médical
градуснік

accouchement
нараджэнне

excès de poids
лішняя вага

appareil auditif
слухавы апарат

desinfectant
дэзінфекцыйны сродак

infection
інфекцыя

virus
вірус

VIH / Sida
ВІЧ/СНІД

médicament
лекі

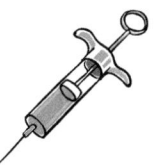
vaccination
прышчэпка

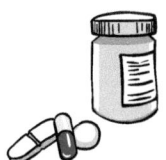
comprimés
таблеткі

pilule
супрацьзачаткавая таблетка

appel d'urgence
экстраны выклік

tensiomètre
танометр

malade / en bonne santé
хворы / здаровы

hôpital - шпіталь 75

urgence
экстраная дапамога

Au secours !
Ратуйце!

alarme
сігналізацыя

assaut
напад

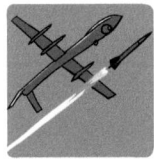
attaque
атака

danger
небяспека

sortie de secours
аварыйны выхад

Au feu !
Пажар!

extincteur
вогнетушыцель

accident
аварыя

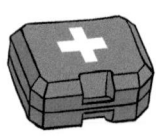
trousse de premiers soins
аптэчка

SOS
СОС

police
паліцыя

Terre
Зямля

Europe — Amérique du Nord — Amérique du Sud
Еўропа — Паўночная Амерыка — Паўднёвая Амерыка

Afrique — Asie — Australie
Афрыка — Азія — Аўстралія

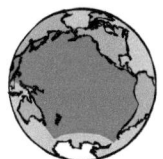

océan Atlantique — océan Pacifique — océan Indien
Атлантычны акіян — Ціхі акіян — Індыйскі акіян

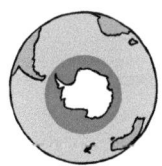

océan Antarctique — océan Arctique — Pôle Nord
Паўднёвы ледавіты акіян — Паўночны ледавіты акіян — Паўночны полюс

Pôle Sud	Antarctique	Terre
Паўднёвы полюс	Антарктыда	Зямля

  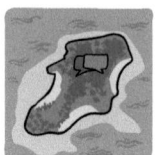

terre	mer	île
краіна	мора	востраў

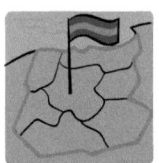 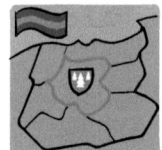

nation	État
нацыя	дзяржава

heure
гадзіннік

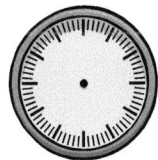

cadran

цыферблат

aiguille des heures

гадзінная стрэлка

aiguille des minutes

хвілінная стрэлка

aiguille des secondes

секундная стрэлка

Quelle heure est-il ?

Колькі часу?

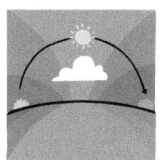

jour

дзень

temps

час

maintenant

зараз

montre à affichage numérique

электронны гадзіннік

minute

хвіліна

heure

гадзіна

semaine
тыдзень

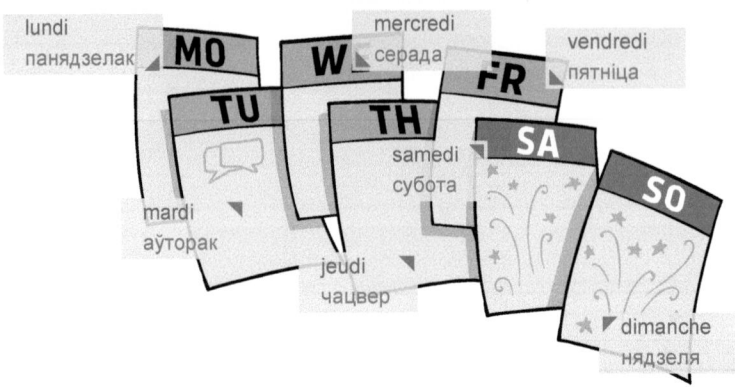

lundi / панядзелак
mardi / аўторак
mercredi / серада
jeudi / чацвер
vendredi / пятніца
samedi / субота
dimanche / нядзеля

hier
ўчора

aujourd'hui
сёння

demain
заўтра

matin
раніца

midi
абед

soir
вечар

jours ouvrables
працоўныя дні

fin de semaine
выхадныя

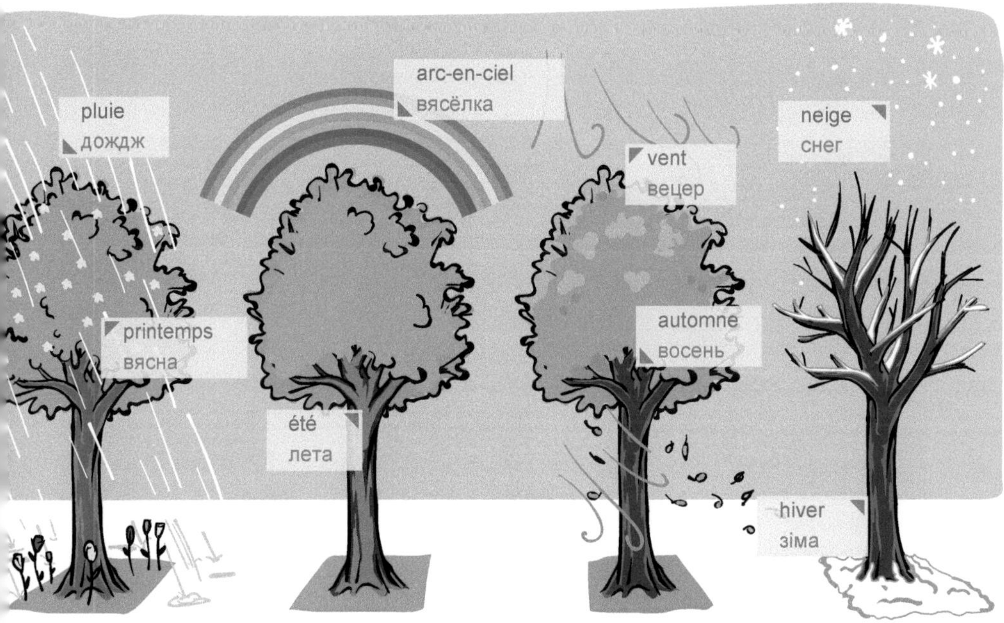

année
год

- pluie / дождж
- arc-en-ciel / вясёлка
- vent / вецер
- neige / снег
- printemps / вясна
- été / лета
- automne / восень
- hiver / зіма

prévisions météorologiques
прагноз надвор'я

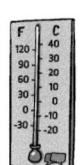

thermomètre
градуснік

rayons du soleil
сонечнае святло

nuage
воблака

brouillard
туман

humidité
вільготнасць паветра

foudre
маланка

tonnerre
гром

tempête
бура

grêle
град

mousson
мусонны вецер

inondation
прыліў

glace
лёд

janvier
студзень

février
люты

mars
сакавік

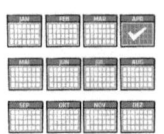

avril
красавік

mai
май

juin
чэрвень

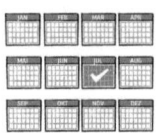

juillet
ліпень

août
жнівень

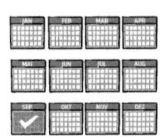
septembre
....
верасень

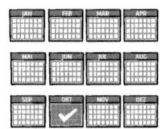
octobre
....
кастрычнік

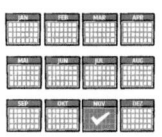
novembre
....
лістапад

décembre
....
снежань

formes
формы

cercle
....
круг

carré
....
квадрат

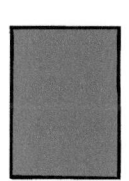
rectangle
....
прамавугольнік

triangle
....
трохвугольнік

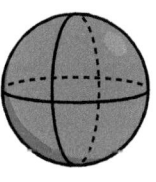
sphère
....
шар

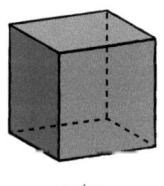
cube
....
куб

formes - формы

couleurs
колеры

blanc
белы

jaune
жоўты

orange
аранжавы

rose
ружовы

rouge
чырвоны

violet
фіялетавы

bleu
сіні

vert
зялёны

marron
карычневы

gris
шэры

noir
чорны

opposés
супрацьлегласці

beaucoup / un peu
шмат / мала

en colère / calme
злы / добры

beau / laid
прыгожы / брыдкі

début / fin
пачатак / канец

grand / petit
высокі / малы

lumineux / sombre
светлы / цёмны

frère / sœur
сястра / брат

propre / sale
чысты / брудны

complet / incomplet
поўны / няпоўны

jour / nuit
дзень / ноч

mort / vivant
мёртвы / жывы

large / étroit
шырокі / вузкі

comestible / non comestible

ядомы / неядомы

méchant / gentil

злы / добры

être enthousiaste / s'ennuyer

узбуджаны / нудны

gros / mince

тоўсты / тонкі

premier / dernier

першы / апошні

ami / ennemi

сябар / вораг

plein / vide

поўны / пусты

dur / mou

цвёрды / мяккі

lourd / léger

важкі / лёгкі

faim / soif

голад / смага

malade / en bonne santé

хворы / здаровы

illégal / légal

нелегальны / легальны

intelligent / stupide

разумны / дурны

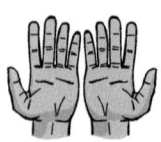

gauche / droite

левы / правы

proche / loin

побач / далёка

neuf / usagé

ы / былы ва ўжыванні

rien / quelque chose

нічога / нешта

vieux / jeune

стары / малады

marche / arrêt

укл / выкл

ouvert / fermé

адчынены / зачынены

calme / bruyant

ціхі / гучны

riche / pauvre

багаты / бедны

correct / incorrect

правільна / няправільна

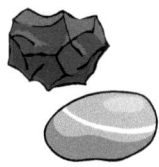

rugueux / lisse

шурпаты / гладкі

triste / heureux

сумны / шчаслівы

court / long

кароткі / доўгі

lent / rapide

павольны / хуткі

mouillé / sec

вільготны / сухі

chaud / froid

цёплы / халаднаваты

guerre / paix

вайна / мір

opposés - супрацьлегласці

nombres
лічбы

0
zéro
нуль

1
un
адзін

2
deux
два

3
trois
тры

4
quatre
чатыры

5
cinq
пяць

6
six
шэсць

7
sept
сем

8
huit
восем

9
neuf
дзевяць

10
dix
дзесяць

11
onze
адзінаццаць

12
douze
дванаццаць

13
treize
трынаццаць

14
quatorze
чатырнаццаць

15
quinze
пятнаццаць

16
seize
шаснаццаць

17
dix-sept
сямнаццаць

18
dix-huit
васямнаццаць

19
dix-neuf
дзевятнаццаць

20
vingt
дваццаць

100
cent
сто

1.000
mille
тысяча

1.000.000
million
мільён

langues

мовы

anglais

англійская

anglais américain

англійская (Амерыка)

chinois mandarin

кітайская мандарынская

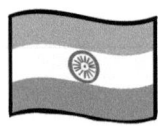

hindi

хіндзі

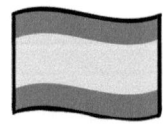

espagnol

іспанская

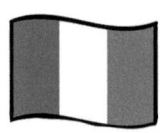

français

французская

arabe

арабская

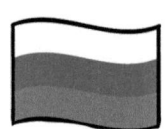

russe

руская

portugais

партугальская

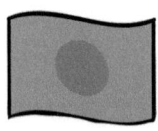

bengali

бенгальская

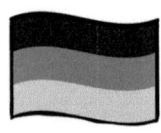

allemand

нямецкая

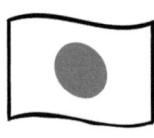

japonais

японская

qui / quoi / comment
хто / што / як

je — я
tu — ты
il / elle / ce, c', cela — ён / яна / яно

nous — мы
vous — вы
ils / elles — яны

qui ? — хто?
quoi ? — што?
comment ? — як?

où ? — дзе?
quand ? — калі?
nom — імя

où
дзе

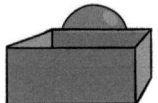

derrière

за

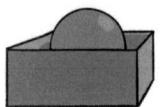

dans

у

devant

перад

au-dessus

над

sur

на

en dessous

пад

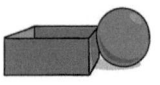

à côté de

каля

entre

паміж

endroit

месца